柳敬成 – 왜장녀춤

柳敬成 – 왜장녀춤

사진 정범태 · 글 구희서

열화당

●춤과 그 사람●

柳敬成 - 왜장녀춤
사진 정범태 · 글 구희서

초판 발행 ─── 1992년 9월 10일
발행인 ─── 이기웅
발행처 ─── 열화당 ⓒ 1992
　　　　　　서울 강남구 신사동 506 강남출판문화센터
　　　　　　전화 515-3141∼3, 팩시밀리 515-3144
등록번호 ─── 제 10-74호
등록일자 ─── 1971년 7월 2일

편집 ─── 기영내 · 공미경 · 김윤희 · 권정관
북디자인 ─── 박노경 · 이옥경
제작 ─── 오기환
인쇄 ─── 홍진프로세스
제책 ─── 일광제책

값 ─── 6,000원

Published by Youl Hwa Dang Publisher
Photographs Copyright ⓒ 1992 by Chung, Bum Tai
Printed in Korea

'춤과 그 사람'을 펴내면서

　1960년대에 양주 별산대놀이를 처음 감상하면서 거침없고 흥미진진한 유경성柳敬成 선생의 왜장녀춤을 특히 눈여겨 보았었다.
　나는 유 선생의 왜장녀춤을 사진으로 담기 위해 경기도 양주로 찾아가 산대놀이 한마당을 구경하고 나서 더더욱 해학적이고도 배 움직임이 일품인 왜장녀춤을 찍고 싶다고 부탁을 드렸다. 그랬더니 "그러면 일품인 내 배만 찍어가라"면서 배를 쑥 앞으로 내밀던 모습이 기억난다.
　"사진은 찍어서 무엇 하려느냐"고 묻길래, "먼 훗날 유 선생님의 춤이 세상에 기록되도록 책을 꾸며 볼 생각입니다"라고 대꾸했다. 유 선생은 "나 죽은 뒤에 내려고 그러면서…" 하시면서도 잔디밭 위에서 내가 부탁한 왜장녀 춤을 신명나게 춰 주었다.
　춤 중에 술상을 차리는 장면이 있는데 그 장면도 부탁을 했더니, "먼 훗날에 책을 꾸민다면서 뭐가 그리 급하냐"며 "서울 공연 때에 다시 만나자"는 약속을 남기고 우리는 헤어졌었다.
　유 선생은 1918년 4월 14일 양주군 주내면 유양리에서 태어났다. 유 선생은 어려서부터 그곳 탈판의 분위기를 몸으로 익히며 자라 1964년 중요 무형문화재 제2호로 지정된 양주 별산대놀이에서 소무역과 왜장녀 역으로 예능보유자 지정을 받았고, 탈 만드는 일에도 늘상 부지런했다.
　얼마 후 서울 공연장에서 유 선생의 왜장녀춤만 무대 위에 올려진 적이 있었다. 그때 북을 이고 나와 내려 놓고 북 위에 뒤집어진 꽹과리를 올려 놓고서 술 따르는 흉내를 보여주는 장면이 있는데, 지난번 약속했던 춤 장면을 그때 찍을 수가 있었다.

그날 공연이 끝나고 무대 뒤에서 인사를 했더니 "이제는 다 되었지" 하면서 "사진책은 언제쯤 나오는 거요" 해서 한바탕 웃었던 기억이 난다.

나는 그 후 몇 해 동안 춤 책을 내지 못했고, 유경성 선생은 그 사이에 유명을 달리하셨다. 그리고는 오늘에 생전 선생의 말대로 선생이 돌아가신 후에야 비로소 나는 춤 책을 출판하게 되었다.

이제서야 뒤늦게 약속을 지키게 된 것을 부끄럽고 아쉽게 생각하지 않을 수 없다. 유 선생이 살아 계실 때 한평생 줄곧 춤을 추었던 양주 별산대 보존회에 이 춤 책을 바치면서 고인의 왕생극락을 두 손 모아 빈다.

나는 운이 좋은 사람이다. 내가 필요로 하는 최소한의 무형적 재산이 한반도 곳곳에 산재해 있기 때문이다. 지난 사십여 년의 세월 동안 나는 우리나라의 민속과 전통 그리고 춤꾼들과 국악인들을 만날 수가 있었다. 그들은 오랜 세월 슬픔과 기쁨을 한몸에 진 채 우리 것을 향한 열정과 사랑으로 메마른 이 땅에 한을 풀고 흥을 심고 그리고 또 이를 지키며 갈고 닦아 온 움직이는 보석들이다.

사십여 년 동안 '이 소중함들을 어떻게 간직할 것인가'라는 나 자신에게 던진 이 질문에 대한 답변으로 이제서야 여기 조심스레 보물보따리를 풀어 볼까 한다. 그러나 나는 그들의 춤 그릇과 움직임만을 이곳에 풀어 놓을 뿐 그들의 길고도 깊은 한의 이야기로 묶인 정신세계는 내가 가지고 있는 카메라로는 담아낼 수가 없었음을 고백해야겠다. 그렇지만 현대화에 발맞추어 변질되어 가는 우리 춤들 중에서 원형에 가장 가까운 몸짓들을 이 책에 담았다는 자부심은 있다.

끝으로 나에게 그 분들과의 지난 시간들을 한곳에서 만날 수 있게
도와주신 열화당 이기웅 사장님과 편집부 여러분께 진심으로 감사를
드리며, 나는 나에게 또한 우리에게 부끄럼 없는 책이 되기를 바라면서
오늘의 증언자가 되고자 한다.

1992년 봄
정범태

그 땅에서 자란 신명과 함께
유경성의 왜장녀춤

　　양주楊州 별산대別山臺놀이는 1964년 중요 무형문화재 제2호로 지정되었다.
이것은 19세기 초반 양주 사람 이을축李乙丑이 서울 사직동 딱딱이패에게 배워
양주군楊州郡 주내면州內面 유양리維楊里 옛날 양주목이 있던 향교마을에 정착시킨
탈놀음이다. 서울의 본산대本山臺와 구별해서 별산대라 불렸고, 초파일, 단오,
추석이나 기우제를 지낼 때 고사와 함께 놀아졌다.

　　양주 별산대놀이는 흔히 열두 마당 또는 팔 과장 팔 경으로 나뉘는데, 거기에는
스물두 개의 탈로 된 삼십여 배역이 있다. 음악은 삼현육각三絃六角에 염불, 타령,
굿거리장단이고 대사는 곁말과 은유가 많은 재담이며, 춤은 염불장단과 어울리는
거드름춤과 타령장단의 깨끼춤이 나온다. 몸짓이나 움직임들에 연극적인 요소가
강하고, 춤만 봐도 그 탈의 성격이 짐작될 수 있을 정도로 춤마다 개성이
뚜렷하다.

　　김성의金星義 구술본에 의하면 왜장녀는 제5과장 제3경 애사당 법고놀이 부분에
등장한다. 왜장녀는 산대나 탈춤, 가면놀이, 오광대 등 여러가지 이름으로 흩어져
있는 각처의 탈놀이에 나오는 미얄할미, 신할미, 각시, 노무, 애사당 등 여러가지
여인상 중에서 상당히 재미있는 성격과 색다른 춤을 갖고 있는 배역이다.

　　왜장녀는 미얄할미, 신할미처럼 늙은 여인도 아니고 소무나 각시탈처럼 젊은
여인도 아니다. 머리에 붉은 띠를 두르고 등에는 북을 메고 손에는 꽹과리 채를
들었으며, 자주 끝동 비단 저고리를 갖춰 입었으나 매무새는 엉망이어서
단속곳차림에 붉은 허리띠를 배꼽 아래로 늦춰 맸다. 허리에는 짚신 몇 켤레가

매달려 있고, 꽹과리에 방울까지 쩔렁거린다. 근본을 알아보기 힘든 차림이고
성격이다. 그 춤은 각시 류의 탈들이 추는 예쁘고 얌전 빼는 춤도 아니고,
무당이나 점쟁이처럼 뛰는 춤도 아니다. 왜장녀춤은 여러 탈놀이 중의 미얄할미나
송파산대의 산파 역의 춤들과 함께 탈놀이 중에 나오는 춤 중에서 가장 특색있는
춤의 하나다. 미얄이나 산파 같은 탈들의 춤은 엉덩이를 많이 흔드는 엉덩이춤이
특징인 데 비해, 왜장녀춤은 드러낸 배와 허리를 많이 흔드는 배꼽춤으로 개성을
보인다.

　양주 별산대에는 역대로 이 왜장녀춤의 명수들이 있었다. 1964년 양주 별산대의
조사와 문화재 지정작업이 있었을 당시 그 재기再起의 주역 중 한 사람이었던
김성대金成大, 김성의, 김성대의 부친 김성운金盛雲이 명무로 꼽혔고, 1970년
산대놀이 육십 년 기념공연을 가진 바 있는 박상환朴湘桓도 왜장녀춤을 잘 췄다.
유경성의 왜장녀춤은 1970년대 중반부터 1989년 1월 31일 그가 타계할 때까지
그만의 독보적인 춤으로 행세했고, 또 그렇게 대접을 받은 춤이다.

　유경성은 1918년 4월 14일 유양리 태생이다. 어려서부터 산대놀이를 보고
자랐고, 이학선李學善, 박기득朴奇得, 이우용李禹龍, 김성태金星泰 등 선대들의 춤판
속에서 가르침을 받았다. 곱상한 얼굴에 차근차근한 성격이어서 놀이판에서는
주로 여자탈을 썼고, 그 중에서 소무역은 그의 단골이었다. 가면 만드는 일도
그가 별산대에서 일찍부터 해 온 일이었다. 1964년 문화재 예능보유자 지정
종목은 그래서 탈 제작과 소무역이었다. 왜장녀춤은 그가 많이 보고 배웠으며 출
수 있는 배역이었지만, 밤새 하던 놀이를 대강 한두 시간으로 줄여서 노는 요즘
놀이판에서는 그렇게 자주 볼 수 있는 춤이 아니었다.

　유경성의 왜장녀춤은 1983년 이후 산대놀이 본마당에서보다 명무전이나
여러가지 춤판에서 따로 추는 그의 독무獨舞로 자주 등장해 왔고, 그러면서
이 노대가의 진짜 춤솜씨는 자랑스럽게 부각됐다.

저고리 밑에서 배꼽이 드러난 허리까지 맨살이 보이는 왜장녀의 복식으로 나서는 그의 몸매나 굿거리장단에 맞춘 능청스러운 그의 몸짓은, 왜장녀의 성격을 여실하게 보여준다.

옛날 탈판에서는 여자는 참가도 구경도 못했다. 그러나 요즘 탈판에는 여성의 참가가 늘어나, 여자 배역들은 여성이 직접 맡는 경우가 늘어났다. 소무역은 물론 봉산 탈춤의 미얄할미 같은 역은 여성이 추는 경우가 생겼다.

그러나 양주의 왜장녀춤만은 천만의 말씀이다. 왜장녀는 대사 없이 몸짓과 춤만으로 표현된다. 유경성은 이 춤을 '미친년 널뛰듯이'라고 설명하곤 했다. 함부로인 것같이 보이는 움직임이지만, 이 춤은 장단과 함께 신명나게 놀아 제치는 흥이 있고, 그 중에서도 배를 들썩대는 배꼽춤이 제격으로 재미가 있다.

왜장녀는 여덟 명의 목중들이 꽹과리나 법고를 치고 노는 판에 애사당과 함께 등장한다. 사내들을 본 왜장녀는 애사당을 딸이라고 속여 팔아 넘기고 북을 술상 삼아 상차려 내 놓고 제가 먼저 마셔댄다. 딸이 많다고 자랑하고 열둘이라고 손가락을 펼쳐 보인다. 사위 구하러 팔도강산을 뒤지고 다닌다. 젊은 사내는 사윗감으로 보고 가끔은 저 자신도 중신을 선다. 헤집고 다니면서 춤추고 술상을 내오면서도 춤을 춘다. 움직임, 걸음걸이, 흥청거리고 노는 것 모두가 익살스런 춤이다.

양주 별산대놀이판에서건 그가 혼자 추는 춤판에서건 그의 몸매는 왜장녀에 어울린다. 그의 몸짓은 어수룩한 듯 능청스럽고, 기걸차고 수선스럽고 헤프고 겁이 없다. 매무새가 헐거워도 장단따라 추는 춤에는 거침이 없다.

양주 별산대는 유양리 전승현장에서 그대로 존속되고 있는 탈놀이로, 이 마을에는 대를 이은 춤꾼들이 많다. 김상용金相容, 고명달高明達, 석거억石巨億, 노재영盧載永 등 인간문화재들이 그들의 선대부터 자손까지 이어진 산대놀이 집단이다. 유경성은 아들 한수漢洙, 손녀 묘숙妙淑으로 삼대 춤 집안이 됐다.

한수는 아버지가 성격이 자상하고 꼼꼼해서 집안 살림이나 산대놀이 보존회 살림을 도맡아 했다고 말한다. 어머니가 일찍 별세해서 아버지 혼자 손으로 집안을 거느렸고, 그러다 보니 그에게는 아버지가 아버지이고 동시에 어머니였다는 것이다.

유경성은 춤과 탈 제작만이 아니라 보존회 회장으로 양주 별산대의 교육이나 공연 등에서 많은 일을 했다. 1972년 유양리에 세운 전수회관은 그가 아들에게 물려 줄 땅을 포기하고 환지還地를 받아 땅을 확보했고, 밭 칠십 평을 내 놓아 길을 낸 곳이다.

유양리 백오십여 가구 중에서 쉰네 명이 산대놀이에 참가하고 있다. 1980년 이후 대규모 해외공연으로 갈채를 받기도 했고, 학자들의 연구 대상으로 주목을 받기도 했다. 그러나 언제나 산대놀이 보존회 살림은 어려웠다. 이제 그가 떠나고 없는 놀이판에는 김상용이 가끔 나와 앉기도 하지만, 인간문화재들은 대개가 너무 연로해 탈판은 젊은이들에게 물려 주고 있는 상태다. 그는 세상을 떠날 때까지 쉬지 않고 정정하게 놀이판을 지켰으니, 같은 연배 중에서는 가장 오랜 젊음을 누린 셈이다.

그의 왜장녀춤을 보고 즐거워했던 사람들은 그가 가고 없는 지금 누가 그만큼 어울리게 이 춤을 이어받을 수 있을까 염려한다. 그의 왜장녀는 그의 체격과 그의 춤이 합해져서 만들어낸 것이기 때문이다. 크지 않은 키, 앙바틈한 체격, 그들먹한 허리에 둥글게 솟은 배가 모두 왜장녀를 위해 만들어진 것처럼 제격이었기 때문이다.

그의 아들 유한수는 아버지의 왜장녀춤을 보면서 평소에 무척 얌전하시던 어른이 어쩌면 저런 능청스런 수선이냐고 놀라워했다. 어른들의 신명이나 멋을 따라갈 수가 없다는 것이다.

그의 아들도 아버지 곁에서 탈 만들기를 거들면서 자라, 보존회 총무일과 탈 제작일을 맡아 했고, 지금은 아버지 뒤를 이어 탈 제작의 일을 하고 있다. 그의 손녀 유묘숙은 1990년 제2회 청소년 탈춤경연대회에서 상좌춤으로 은상을 받았다. 묘숙은 국민학교 4학년 때 원숭이역으로 놀이판에 출연할 만큼 어려서부터 춤을 배워 왔다.

아직까지 유경성의 왜장녀춤을 본격적으로 이어받은 젊은이는 드러나지 않고 있다. 산대놀이에서 목중춤이나 옴중, 노장 등의 춤은 젊은이들이 잘 배우고 있지만, 왜장녀춤은 춤만이 아니라 체격이 따라 줘야 한다는 난관이 있기 때문에 선뜻 후계자가 나서지 않는 모양이다.

1980년대 중반 이후 많은 인간문화재들이 타계했고, 전통예술의 모든 분야에서 옛 재능들이 유명, 무명을 막론하고 많이 사라져 갔다.

춤이라고 보다가 몸짓에 웃고, 몸짓인가 하고 보다가는 어느새 춤으로 빠져들게 만들던 유경성의 왜장녀춤, 그 춤의 넉넉한 웃음을 볼 수 있었던 사람들은 복있는 사람들이었다.

연보

1918   4월 15일 경기도 양주군 주내면 유양리 228번지에서 출생했다.

1930   2월 유양국민학교(보통학교)를 졸업했다.

1935   그는 열일곱 살 때부터 스물일곱 살 때까지 생계 유지를 위해 과수원
일을 비롯해 만주를 두 번이나 왕래했으며, 방아기계를 갖고 강원도,
황해도 등을 두루 돌아다녔다. 또 한때는 서울의 모 호텔에서
전화교환수로 일하기도 했다.

1944   스물여섯 살 때 결혼했다.

1945   스물일곱 살 때 해방을 맞이하면서부터는 본격적으로 별산대놀이를
접하게 되었다. 해방 전부터 어깨 너머로 배운 춤솜씨지만 웃어른들께
재주가 능하다는 칭찬을 듣곤 했다.

1964   12월 30일, 양주 별산대놀이가 중요 무형문화재 제2호로 지정되면서
예능보유자가 되었다. 무형문화재로 지정될 당시 소무로 지정되었고,
그 후 미얄할미 등의 탈 제작과 왜장녀, 애사당 등의 역할을 맡아 해
왔다. 그는 김성대金成大의 뒤를 이어 양주 별산대놀이를 계승, 발전시키며,
1970년부터 1989년 1월까지 회장직을 역임했고, 놀이 보존과 탈 제작에
심혈을 기울이고 후진 양성에 힘썼다.

1989   1월 31일, 노환으로 별세했다.

    • 이 글은 유경성 선생의 아들 유한수 씨가 작성한 것이다.

A Lifetime Guardian of Folk Art and Spirit
The Dance of Waejangnyŏ by Yu Kyŏng-sŏng

Yu Kyŏng-sŏng (1918—1989) drew much acclaim for his ingenious performance of the dance of a big, bawdy woman, named "Waejangnyŏ," a funny character in the *Mask Dance Play of Yangju* (Yangju Pyŏlsandae Nori). The folk masked dance play, handed down in his native village of Yangju, Kyŏnggi Province, north of Seoul, is Intangible Cultural Property No. 2.

The Yangju play is characterized by refined movements of dancers, that are often clearly delineated and syncopated, and humorous dialogue rich in social satire. Though it includes some female performers these days, all of the play's 30 characters were traditionally performed by male actor-dancers in the ancient times. Back then women couldn't even attend the shows. Yu was a leading member of the group until his death.

The Dance of Waejangnyŏ (Waejangnyŏch'um) is one of the most popular dances from the Yangju play. She waddles around the stage, swaying her naked belly. Strange as it may sound, the dance is still adamantly a male part. Yu performed it better than any other dancers of his time.

—Translated by Lee Kyŏng-hee

경기도 양주군 유양리 양주 별산대 보존회관 마당에서.

19

흘러내린 매무새가 헐거워도 갖출 것은 다 갖췄다.
붉은 허리띠로 모양을 냈고, 등에는 괴나리봇짐에
짚신이며 꽹과리며 주렁주렁 매달았다.
비록 단속곳차림이어도 왜장녀는
팔도강산 헤집고 다닐 만큼 든든한 여장부다.

춤추면서 걷고 걸으면서 춤춘다.
오라는 데는 없어도 갈 곳은 많고,
집 한칸 없어도 천하가 모두 내집이다.

열두 명의 딸에게 사위를 구해 주러 나섰다는 왜장녀.
차림과 걸음걸이가 그 사연을 설명하고,
그 걸음걸이는 바로 춤으로 연결된다.

장단은 온 몸에 담겨 여기저기로 조금씩 비집고 나온다.
손발의 움직임이 요란하지 않아도
몸 전체가 큼직하게 움직임을 만들어낸다.

두 발 벌려 딛고
으쓱으쓱 몸을 추스르면
그의 둥근 배는 장단따라 출렁인다.

두 팔의 활개짓과 어긋나게 바꿔 딛는 발디딤이
흥청거리는 넉넉함으로 펼쳐진다.

44

둥글둥글 육중한 몸매에도 장단은 가뿐가뿐하고,
갸웃거리는 고개짓이 우스꽝스럽게 교태스럽다.

제자리걸음에 두 손 허리에 짚고 배를 내밀고 장단을 맞춘다.

사연 하나 만들어 놓고 왜장녀는 또 발길을 재촉한다.